Género Fantasía

Pregunta esencial

¿Cuándo nos puede ser útil aprender sobre la naturaleza?

Jardín de orquídeas

Ángela María Pérez Beltrán
ilustrado por Benjamín Briceño M.

Capítulo 1
El festival de orquídeas

Mi mamá, mi hermanito y yo viajamos por carretera, a un pueblo cercano, para asistir a un festival de orquídeas. Mi mamá nos llevó porque sabe que la clase de ciencias naturales es nuestra favorita. Apenas entramos al invernadero, escuchamos una vocecita aguda. Al principio, no supimos de dónde provenía. Luego, descubrimos que, quien hablaba, era una preciosa orquídea color lila.

—Soy Zulema. Bienvenidos a esta maravillosa exposición. Síganme, por favor —dijo amablemente la orquídea de color lila.

—¡Muchas gracias! —respondimos al mismo tiempo, y nos miramos sin entender qué estaba pasando. ¡Qué cosa más extraña! ¡Nunca habíamos hablado con una planta!

Con toda naturalidad, Zulema nos guió por un sendero donde las orquídeas estaban separadas según su especie. A medida que avanzábamos, nos sentíamos extasiados por la belleza de estas plantas. De pronto, nuestra guía empezó a narrar una historia muy interesante.

—Pocos saben lo que les voy a contar —dijo Zulema—. Nosotras, las orquídeas, somos una de las especies de flores más antiguas del mundo. Hay pruebas de que ya existíamos hace sesenta y cinco millones de años. Quienes se han interesado por estudiarnos dicen que los restos más antiguos han sido hallados en Verona, Italia.

Ninguno de nosotros podía creer que estas bellísimas plantas fueran tan antiguas. Esto aumentó nuestros deseos de conocerlas mejor, así que nuestra simpática guía nos llevó al lugar donde crecían las zulemas. Nos explicó las diferentes especies de plantas de acuerdo con sus características: el tamaño del tallo, la altura, el grosor y color de los pétalos, entre otras.

Mi hermanito Pablo y yo estábamos encantados. Nos parecía genial tener de guía a Zulema. Los otros visitantes del invernadero no habían tenido tanta suerte como nosotros. Sus guías eran humanos. Así que nos sentimos únicos.

—¡Mamá, por favor, préstame la cámara! —exclamó Pablo—. Quiero tomar muchas fotos de todas las orquídeas.

Cuando Pablo comenzó a tomar fotos, los rayos del sol empezaron a brillar con más fuerza. Todo estaba mucho más luminoso. Tanta luz hacia que el invernadero se viera mucho más hermoso de lo que ya era. Además, ¡las plantas parecían posar para el lente de mi hermano!

Como a las orquídeas les agradaba que Pablo les tomara fotos, yo también quise tomar algunas. Mi hermanito me dio la cámara. Me concentré en capturar detalles particulares de los tallos y las hojas de las plantas.

Mientras tanto, Zulema retomó la palabra y nos contó que los jardineros, varios siglos atrás, llamaban "estufas frías" a los invernaderos. Incluso, nos comentó que en Lisboa, la capital de Portugal, hay un complejo de invernaderos que lleva ese nombre. Allí hay cultivos de plantas del mundo entero, hasta de Tasmania. "¡Qué interesante sería conocer ese lugar!", pensé.

De repente, Zulema se detuvo y nos preguntó:

—¿Saben qué tipo de suelo es este? ¿O qué especie de planta soy?

AHORA COMPRUEBA

¿Cómo llamaban los antiguos jardineros a los invernaderos?

—Claro que sí —respondió mamá—. Esta es una mezcla de cortezas de árboles, hojas y piedras. Entonces tú eres una orquídea semiterrestre, porque puedes crecer en este tipo de suelo.

Pablo y yo quedamos sorprendidos de la explicación de mamá, ¡era toda una científica! Zulema sonrió satisfecha. Luego, movió sus pétalos para despedirse. Nosotros le dimos las gracias y continuamos con el recorrido.

Capítulo 2

Observa este cultivo

Tan rápido como un cohete llegó otra colorida orquídea. Venía hablando a toda velocidad y apenas si logramos entender algo. Después de unos minutos tomó aliento, se calmó y habló con claridad.

—Hola, soy Leopardo. Disculpen mis afanes, pero debo resolver un asunto. Aunque, pensándolo bien, tal vez ustedes puedan ayudarme —dijo la orquídea.

—Claro que sí, cuéntanos —le dije con curiosidad.

Ante tanta expectativa, Leopardo decidió contarnos lo que le inquietaba.

—Desde hace algún tiempo deseo acercarme a esa hermosa flor que mueve sus pétalos como si danzara. ¡Es tan elegante y estilizada! —suspiró Leopardo mientras dirigía su mirada hacia una sección cercana.

Detective del lenguaje	Busca un nombre propio en esta página. ¿Cómo sabes que es un nombre propio?

De inmediato entendimos lo que Leopardo quería decirnos. Entonces le sugerimos que fuera ingenioso y hablara de una vez por todas con la hermosa bailarina. A pesar de su nerviosismo, nuestra idea le pareció buena, así que se dirigió al módulo de las damas danzantes. Allí, se acercó a la orquídea que le quitaba el sueño.

Leopardo volvió a hablar a toda velocidad y le dijo a la bailarina que parecía una estrella despeinada. Nosotros no pudimos evitar reírnos a carcajadas. En cambio, la Dama Danzante pasó en un segundo de ser amarilla a roja.

Leopardo se disculpó y le dijo a la bella flor que más tarde pasaría por ella para ir a bailar. Fue un momento muy divertido.

Entre tanto, mi hermano y yo miramos las fotos que habíamos tomado, queríamos comparar las zulemas con las damas danzantes. El tallo de las primeras era más grueso que el de las segundas. Además, las damas danzantes tenían pétalos más largos y estrechos que los de las zulemas.

De repente, nuestro guía intervino.

—Observen esta parte del cultivo, por favor. ¿Tienen alguna idea de cómo podría mejorarse?

AHORA COMPRUEBA

¿Por qué estaba nervioso Leopardo?

Pablo levantó la mano y pidió la palabra.

—¡Yo sé! Puedo responder. Veo que la tierra está muy seca; precisa de más riego. Además, aquí hay demasiada sombra y ustedes necesitan mucha luz. Si mejoran estas condiciones, seguro que vivirán más a gusto.

Leopardo quedó muy contento con la respuesta de Pablo y creyó que sería bueno compartir esta información.

—¡Excelente idea! —dijo—. Voy a escribirle un informe al dueño del invernadero.

Mamá estaba asombrada de los conocimientos de mi hermanito, también le encantaba que ambos demostráramos tanto cariño por las plantas.

Capítulo 3

¿Qué hacer con las plagas?

Seguimos caminando por el invernadero y llegamos a la sección de las orquídeas azules. Eran realmente hermosas y, por su color, creaban un ambiente de profunda tranquilidad. Una de ellas se posó frente a nosotros. Nos saludó y se presentó.

—Hola a todos. Soy Azul, y estas son mis compañeras. Somos orquídeas legendarias y muy difíciles de encontrar —dijo—, pero tenemos serios problemas. Necesitamos urgentemente su ayuda para sobrevivir.

Detective del lenguaje

Busca en esta página un verbo regular en presente.

Me agaché y observé detenidamente los pétalos y las hojas de una planta que estaba caída. Luego toqué la tierra y la analicé. Recogí una hoja del piso y exclamé:

—¡Babosas y caracoles! Estos animalitos abundan cuando hay exceso de agua. Hay que revisar el drenaje de esta sección. Seguro que quieren poblar este sector del invernadero y ¡hay que impedírselo!

Azul se imaginó a un sinnúmero de colonos. Pensó que se establecerían en las raíces y los tallos de las orquídeas para siempre. Nuestra amiga cayó en la cuenta de la gravedad del asunto.

—¿Sería útil conseguir pesticidas para acabar con estas plagas? —preguntó Azul con cierta inquietud en su voz.

—No creo que sea necesario, tengo una fórmula mejor. En clase vimos que los caracoles y las babosas detestan la sal. Así que eso los alejará de inmediato. Dudo que vuelvan a acercarse —agregué—. Además, la sal no representa un peligro. A diferencia de los pesticidas, la sal no es una sustancia peligrosa para los seres vivos.

AHORA COMPRUEBA

¿Por qué había caracoles y babosas en esta sección del invernadero?

Cuando Azul escuchó que la sal no representaba ningún peligro, se sintió más tranquila. También le recordé que, si hubiera un buen drenaje, el suelo estaría menos húmedo y, por lo tanto, no habría plagas.

Después, Azul nos llevó a un pequeño bosque donde había un gran número de orquídeas de diferentes colores y tamaños. Colgaban de árboles y arbustos. Era fantástico, ¡parecía un museo viviente! Nos contó que estas orquídeas proceden de regiones tropicales, como Colombia y Brasil. Nos explicó que no necesitan tantos cuidados como otras especies, pues obtienen el agua de la humedad del aire con sus raíces aéreas. ¡Qué manera tan sorprendente de hidratarse!

Capítulo 4

El viento y las vandas

Azul saludó a una orquídea mariposa. Luego, hablaron en voz baja.

—Tengo el gusto de presentarles a Mariposa. Los dejo en muy buenos pétalos. Nos vemos más tarde —dijo Azul apartándose.

Enseguida, Mariposa nos llevó a los árboles donde vivían las orquídeas de su tipo.

—Azul me contó que ustedes saben mucho acerca de las plantas, y nosotras queremos saber cómo nos afecta el viento —nos dijo.

Pablo contestó:

—Un viento muy fuerte puede doblar las plantas e incluso partirlas.

—Es verdad, gracias. ¿Sabes algo más del viento? —me preguntó.

—Sí, claro. Las ráfagas de viento pueden ser peligrosas, pues, si son muy fuertes, arrancan las hojas de los tallos y los pétalos de las flores. Sin embargo, es importante que siempre haya un poco de viento. De esta manera se renueva el aire y trae oxígeno a las plantas —respondí.

Mamá sonrió y comprobó que mi hermano y yo estábamos aprendiendo cosas muy valiosas en la clase de ciencias naturales.

Mariposa nos pidió que guardáramos silencio y cerráramos los ojos; nosotros obedecimos. Pudimos escuchar el sonido que producía el viento. Era como un silbido delicado y constante. Oímos, también, el suave murmullo de los pétalos de las orquídeas al moverse. Además, el viento traía consigo el delicioso aroma de las flores. Era como asistir a un espectáculo maravilloso.

Unos minutos después abrimos los ojos. ¡Fue una experiencia asombrosa!

Luego, Mariposa nos llevó a conocer un arbusto con pequeñas orquídeas vanda. Estas flores son originarias de Asia tropical. Cuando las estábamos observando con detenimiento, de repente vimos en sus pétalos amarillos imágenes de una tierra lejana, llena de animales extraños y frutas exóticas.

Sorprendidos miramos a Mariposa, quien sonreía. Nos dijo que éramos muy afortunados por haber tenido la experiencia que acabábamos de vivir. Nos explicó que hablar con las orquídeas, escuchar el viento con tanta precisión y transportarse con las flores a destinos lejanos, solo lo podían hacer las personas realmente interesadas en las plantas y en su bienestar. ¡Increíble! En este invernadero podía ocurrir cualquier cosa.

De un momento a otro, mi mamá, Pablo y yo nos vimos rodeados de las cuatro orquídeas que nos habían acompañado. Nos regalaron bulbos de orquídeas para sembrar en macetas, o en el jardín de nuestra casa. Los tres salimos ansiosos de llegar a casa para cultivar nuestras plantas y contarle a papá nuestra maravillosa aventura en el festival.

Respuesta a la lectura

Resumir

Usa los detalles más importantes de *Jardín de orquídeas* para resumir el cuento. Puedes usar el organizador gráfico como ayuda.

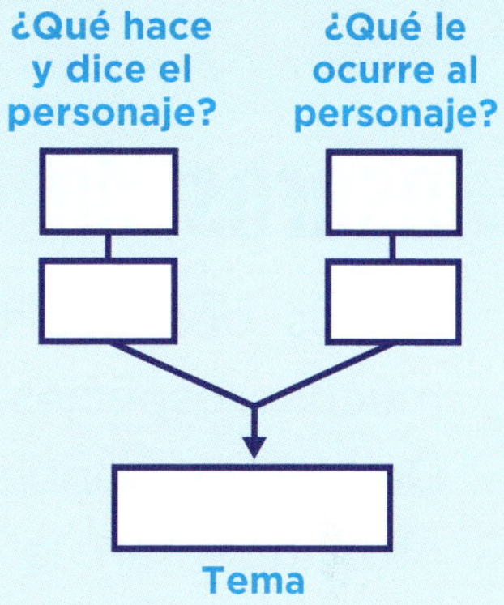

Evidencia en el texto

1. ¿Cómo sabes que *Jardín de orquídeas* es un cuento de fantasía? Identifica una característica que te lo indique. GÉNERO

2. ¿Por qué van a la feria los personajes de *Jardín de orquídeas*? ¿Qué encuentran en ese lugar? TEMA

3. ¿Qué comparación ayuda a explicar el significado de la palabra *pesticida* en la página 11? COMPARACIONES

4. Escribe sobre el mensaje más importante que el autor intenta transmitir a los lectores cuando los personajes principales afrontan algunos retos. ESCRIBIR SOBRE LA LECTURA

Género **Texto expositivo**

Compara los textos

Lee cómo los bosques tropicales pueden ser útiles para los seres humanos.

Tesoros de los bosques tropicales

Los bosques tropicales son especiales. Tienen muchas especies diferentes de plantas y animales. De hecho, contienen más especies que cualquier otro lugar en la Tierra. Desafortunadamente, las personas están destruyendo los bosques tropicales para reemplazarlos por más granjas. A medida que los bosques tropicales desaparecen, también se pierden muchos de sus tesoros naturales.

Los científicos creen que cada día se eliminan más de 130 especies de plantas y animales. Esto se debe a la destrucción de los bosques tropicales. Estas no son buenas noticias, especialmente porque algunas de estas plantas contienen elementos que son útiles para la medicina.

BOSQUES TROPICALES DEL MUNDO

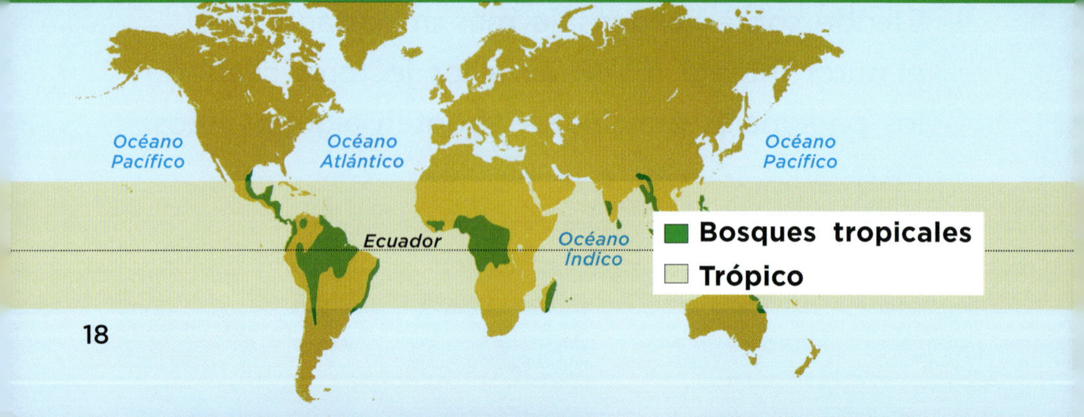

(b)Mountain High Maps/Digital Wisdom, (t)Digital Vision/Getty Images

Muchos de los medicamentos que se usan en todo el mundo son elaborados a partir de las plantas de los bosques tropicales.

Por ejemplo, la vincristina es un medicamento importante. Se usa para el tratamiento de niños con leucemia y otros tipos de cáncer. Se hace a partir de vinca rosada. Esta planta crece en el bosque tropical de Madagascar.

Puede que en el bosque tropical haya otras plantas beneficiosas que no hemos descubierto aún. Debido a la destrucción del bosque tropical, necesitamos encontrar cuanto antes esas plantas.

Los bosques tropicales son destruidos todos los días.

Los científicos están en una carrera contra el tiempo para encontrar todas las plantas útiles de los bosques tropicales antes de que se extingan. Para ahorrar tiempo, comienzan con las plantas que tienen un efecto interesante en los animales de la selva que las comen o las tocan. También estudian las familias de plantas con las que ya se elaboran algunas medicinas.

Los bosques tropicales se están destruyendo para obtener ganancias. Las personas quieren usar la tierra para cultivar. También, quieren talar árboles para obtener madera. Muchos expertos piensan que sería mejor proteger el bosque y salvar las plantas especiales que crecen allí. Cultivar estas plantas para usarlas en medicina podría ser rentable. Esto sería bueno para las personas y el futuro de los bosques tropicales.

Digital Vision/Getty Images

Haz conexiones

¿De qué manera sería útil para los seres humanos conocer más sobre las plantas de los bosques tropicales? **PREGUNTA ESENCIAL**

Compara las formas como los personajes de *Jardín de orquídeas* y los científicos de *Tesoros de los bosques tropicales* usan sus conocimientos sobre la naturaleza. **EL TEXTO Y OTROS TEXTOS**

Enfoque:
Género

Fantasía La fantasía es un tipo de ficción en que pueden existir otros mundos. Hay diferentes tipos de fantasías: desde relatos que acontecen en mundos antiguos, donde hay dragones y tesoros, hasta narraciones modernas en las cuales los personajes se desplazan en el tiempo o cambian de tamaño o forma. En algunas fantasías, los humanos pueden hablar con animales, plantas u objetos inanimados.

Lee y descubre En el cuento *Jardín de orquídeas*, los personajes tienen como guías en su visita al festival a unas simpáticas orquídeas, que ponen a prueba sus conocimientos sobre la naturaleza. Las flores tienen características que les permiten interactuar con los seres humanos.

Tu turno

Elige un personaje de *Jardín de orquídeas*. Escribe una escena fantástica en la que participe. Puedes incluir objetos que hablan, viajes en el tiempo o animales fantásticos. Haz una ilustración de tu relato.